Produktdesign & Produktmanagement für Einsteiger

Wie Sie mit einfacher Psychologie und gerichteter Kreativität Produkte entwickeln, die Ihre Kunden lieben - inkl. der besten Praxistipps

Konrad Mathes

INHALT

Was Sie in diesem Buch erwartet

Ob beim Einkaufen, der Einrichtung oder anderen Neuanschaffungen: Tagtäglich entscheiden wir uns für Produkte. Was maßgeblich zu unserer Kaufentscheidung beiträgt, ist das richtige Design. Das Design ist die zielgerichtete und bewusste Gestaltung ästhetischer sowie funktioneller Objekte und Produkte. Diese können eine Zahnbürste oder ein Smartphone sein, die Hauptsache ist, dass es für den Mensch ansprechend gestaltet ist.

Um die Antwort auf die Frage nach dem richtigen Design zu bekommen, müssen wir uns die richtigen stellen, denn die richtige Antwort beginnt immer mit dem Stellen der richtigen Frage. Doch wie sieht eine richtige Frage aus?

Wie wichtig ist das Design für unsere Kaufentscheidung wirklich? Wie können Design und Funktion am besten unter einen Hut gebracht werden? Welche Wege gibt es, ein gutes Design zu gestalten?

Auf diese und viele weitere Fragen werden wir in diesem Buch ausführlich eingehen.

Wussten Sie, dass die Kaufentscheidung mehr unterbewusst als bewusst stattfindet? 70 bis 90 % unserer Kaufentscheidungen treffen wir unterbewusst. Dies passiert, weil wir eine emotionale Bindung zu dem Produkt aufbauen oder Einflüsse aufschnappen. Tatsächlich gibt es viele Wege, die einem Kunden die Kaufentscheidung erleichtern. Im Wesentlichen sind ein paar äußere und innere Reize notwendig. Das Design ist ein sehr wichtiger Bestandteil für die Wahrnehmung des Produktes. Wie soll es rüberkommen? Auffallend oder neutral, schlicht oder elegant, hell oder dunkel. Das Design hat eine Wirkung auf uns, Sie lernen im weiteren Verlauf, was sie machen und ändern können, damit es einen positiven Einfluss auf die Kunden hat.

Wovon die Reaktionen abhängig sind, worauf Sie bei dem Marketing achten müssen und was die Wirkung bei Kunden beeinflusst. Wodurch sich diese überzeugen lassen, wie Ideen am besten gesammelt werden und Anleitungen für Kreativtechniken.

Ist Produktdesign wichtig?

Obwohl die meisten Leute die Frage, ob Produktdesign wichtig ist, ohne mit der Wimper zu zucken, mit Ja beantworten würden, ist es wichtig, sie zu stellen, damit man den Grund dafür kennt.

Teilweise sind Firmen Monate bis Jahre damit beschäftigt, ein neues Produkt auf den Markt zu bringen. In dieser Zeit beschäftigt das Unternehmen Angestellte oder ein ausgewähltes Team aus Spezialisten, deren Aufgabe es ist, das Produkt ständig zu verbessern und zu optimieren, bis es allen Anforderungen auf dem

Markt gerecht wird. Die Konkurrenz schläft nie und alle wollen das beste Design für sich beanspruchen, nicht wenige bleiben hierbei auf der Strecke. Für jedes Detail ist eine bestimmte Abteilung zuständig, die aus einer anderen Berufsgruppe besteht. Die Abteilungen arbeiten eng miteinander zusammen und jeder Schritt des anderen muss überwacht werden. Das alles kommt nicht von ungefähr, denn die menschliche Psyche ist sehr komplex, das wissen und berücksichtigen die Leute, die im Produktdesign tätig sind. Das kleinste Detail kann eine unterschiedliche Wirkung beim Kunden erzeugen und entscheidet darüber, ob das fertige Produkt als gut oder schlecht empfunden wird. Somit wirkt sich das massiv auf die Verkaufszahlen aus. Bestimmte Basics gehören dazu und ohne sie geht nichts.

Wie Produkte ohne das richtige Design abschneiden

Oft ist ein negatives Ereignis oder Beispiel ein größerer Ansporn als ein positives, deshalb werden wir darauf eingehen, was mit Produkten passiert, die kein gutes Design haben. Es hilft, sich Negativbeispiele vor Augen zu halten, somit besteht ein direkter Vergleich mit einem positiven Beispiel. Dadurch sehen wir, wie etwas nicht gemacht werden sollte, und wir können uns freuen, wenn es am Ende doch gut ist.

PRODUKTDESIGN

In Produkte mit einem schlechten Design wurde meist nicht viel Liebe seitens der Entwicklung und der Gestaltung investiert. Kunden merken dies instinktiv, denn oft steckt wenig Arbeit im Detail. Häufige Fehler sind das Weglassen wichtiger Ressourcen oder das Nicht-Einhalten des Terminplans. Passiert so etwas, kann Ihr Unternehmen fast immer damit rechnen, schlecht auf dem Markt abzuschneiden. Kosten und Mühen im Design zu scheuen, ist ein fataler Fehler, denn keiner will ein unvollständiges Produkt kaufen. Auf den meisten Märkten herrscht eine zu hohe Anzahl an Konkurrenten, die bereit sind, in ihr Design zu investieren und sich somit einen enormen Vorteil Ihnen gegenüber verschaffen würden.

Das Design ist dafür verantwortlich, wie unser Produkt wahrgenommen wird, und von der Wahrnehmung ist die Kaufentscheidung der Kunden zu einem hohen Faktor abhängig. Andere wollen ihren Freunden und Familienmitgliedern etwas zeigen, das in ihren Augen schön aussieht. Es ist wichtig, dass sich die Leute damit identifizieren können und ihm Aufmerksamkeit geschenkt wird. Bei dem Ansehen schöner Produkte werden von uns natürliche Glücksbotenstoffe wie Serotonin und Dopamin freigesetzt. Diese sind dafür verantwortlich, dass sich unsere Stimmung verbessert. Auch die Beeinflussung von Glücksboten-stoffen auf uns ist für Ihren Produkterfolg wichtig, denn es ist entscheidend, ob der Kunde das Produkt öf-ter oder täglich sehen will. Wenn keine Mühe in das Design gesteckt wird, wird auch Ihr Unternehmen in ein schlechtes Licht gerückt. Es kann vorkommen, dass sich so etwas herumspricht, dass die Leute denken werden, dass Ihnen die Käufer nicht wichtig sind oder Sie sich die Mühe einfach nicht machen wollen. In je-dem Fall ist das nichts, wofür Sie bekannt werden wol-len.

Stattdessen ist es sinnvoller, sich die Zeit zu neh-men und genau an dem Design zu arbeiten, bis es Ihren und den Vorstellungen der Kunden entspricht. Das wird nicht nur Ihr Gewissen beruhigen, sondern auch den Kunden wird hiermit ein positives Gefühl gegeben, denn dadurch werden ihnen mehr Nähe und Bezug zu Ihrer Firma und Ihrem Produkt gegeben. Somit werden sie sich in ihrer Kaufentscheidung sicher und bestätigt fühlen. Nach dem Motto: Wenn für das Design keine Kosten und Mühen gescheut werden, wird mich das In-nenleben auch bereichern.

Fortschritt des Produktdesigns über die Jahre

Steinzeit 600.000 Jhd. bis 10.000 Jhd. v. Chr. Produkte gibt es schon seit Urzeiten, schon die Neandertaler benutzten sie, um auf die Jagd zu gehen. Damals hatten sie vor allem einen praktischen Nutzen und wurden ausschließlich mit den Händen gebaut. Hierfür wurden Materialien wie Holz, Steine oder Knochen benutzt. Als Jagdwerkzeuge haben sie Speere, Hammer und Dolche gebaut. Auf das Design wurde weniger achtgegeben, der Nutzen stand hier an erster

Stelle.

Griechische Antike beginnt etwa ab 1600 Jhd. v. Chr. Die griechische Antike kennt man vor allem für ihre Kunst und Architektur. Sie ist für ihre berühmten Säulen, Vasen, Statuen, prunkvollen Tempel und Rüstungen bekannt. Diese Gegenstände wurden meist aus ungebranntem Lehm und Holz gebaut.

Römische Antike ab 500 v. Chr. Diese ging etwa 1000 Jahre. Ähnlich der griechischen Antike entstanden hier architektonische Meisterwerke wie etwa das Kolosseum, das eine Art Arena für Gladiatoren- und Stierkämpfe war, das Kapitol und das Pantheon, dieses Gebäude wurde 114 bis 128 zu Ehren der Götter errichtet und ist bis zu diesem Tag noch eines der antiken Gebäude, das sich am besten gehalten hat.

Mittelalter 500 n. Chr. bis 1500 n. Chr. Hier wurden Burgen, Schwerter und Rüstungen gebaut. Diese entstanden vor allem aus den Materialien Metall, Eisen, Leder, Holz und Stein. Erstmalig wurden Kleider und Kämme aus Leinen, Baumwolle und Nessel gefertigt. Welche die beliebtesten Textilmaterialien im Mittelalter waren. Vor allem Adelige und Mitglieder der Oberschicht konnten sich dies leisten, sie hatten schöne

Kleider und Materialien.

Frühe Neuzeit Diese Epoche begann im Spätmittelalter um 1400 n. Chr. bis zum Übergang ins 18. Jahrhundert. Die Menschen wurden zivilisierter und entwickelten sich zu Gesellschaften. Schwerter und andere Waffen wurden allmählich gegen Revolver getauscht. Fässer wurden als Form der Aufbewahrung für Getränke und pulverförmige Stoffe genutzt. Viele Produkte wurden von Eisen- und Goldschmieden angefertigt.

Neuere Geschichte, 19. Jahrhundert Das 19. Jhd. war die Zeit des Experimentierens, sie wurde von Künstlern, Architekten und anderen bekannten Persönlichkeiten geprägt. In dieser Epoche entstand die Industrielle Revolution, in der die ersten Textilen nicht mehr von Hand, sondern maschinell hergestellt wurden. Damit konnte eine höhere Stückzahl generiert werden. Des Weiteren wurden in diesem Jahrhundert viele Bergwerke und Fabriken gebaut. Damit wurde die Wirtschaft erstmalig angekurbelt.

Hier haben sich die Leute zum ersten Mal mit dem Produktdesign beschäftigt. Ein gutes Beispiel für eines der ersten Designs war der Stuhl Nr. 14 von Michael Thronet, dieser entstand 1859 und wurde später in sämtlichen Einrichtungen genutzt.

Obwohl die Industrielle Revolution bereits angefangen hatte, gab es noch nicht so viele Produkte wie heute, denn die Produktion und der Rohstoffabbau war noch sehr teuer. Die Leute hatten in dieser Zeit wesentlich weniger Gegenstände als heute, die Gegenstände waren kostspieliger, aber hielten dafür länger.

Neuste Geschichte, 20. Jhd. Mit steigender Erfahrung und neuen Technologien wurden die Produktionen optimierter und detailreicher. Die Rohstoffe und die natürlichen Materialien können heute deutlich schneller abgebaut und verwertet werden.

Heute erfolgt die Rohstoffgewinnung schneller als im 19. Jahrhundert. Viele Werkstoffe können problemlos künstlich hergestellt werden. Jedes Jahr wird die Produktion angekurbelt und Dinge werden schneller als im Jahr davor hergestellt. Es wird allgemein häufiger produziert und Produkte kommen im Handumdrehen auf den Markt. Apple hat beispielsweise im Jahr 2020 dreizehn unterschiedliche Artikel releast. Durch die schnellen Produktionen häufen sich unsere Besitztümer, es gibt vieles im Überfluss und für uns gilt mehr denn je, mit unserem Design aus der Masse herauszustechen. Der Fortschritt des Produktdesigns in dieser kurzen Zeit ist schon unglaublich, jedoch steckt er im

Vergleich mit der Menschheitsgeschichte noch in Kinderschuhen und wir können noch mit großen Änderungen rechnen.

Überzeugen durch Design und Qualität

Sinnbildlich können wir das Design und die Qualität mit der optischen Ansehnlichkeit und der Traglast einer Bücke vergleichen. Eine Brücke kann das schönste Gerüst haben, ist sie einsturzgefährdet, hat sie dennoch keinen Nutzen.

Die Golden Gate Bridge ist das Wahrzeichen San Franciscos und das nicht umsonst, denn täglich überqueren 120.000 Fahrzeuge die Brücke. An manchen Tagen kommen sogar Unwettereinflüsse wie Nebel,

Stürme und Erdbeben dazu. Sie wurde am 05. Januar 1993 gebaut und besitzt eine Länge von 2737 Metern. Durch das Design, die richtige Anordnung der Tragseile und eine sehr gute Qualität hält sie den Umständen jahrzehntelang stand. Sie ist das perfekte Beispiel dafür, dass die Funktion und die Qualität des Produktes immer an erster Stelle stehen.

Firmenwachstum und bessere Produkte

D er Schlüssel für ein exponentielles Firmen-
wachstum ist es, die Gewinne Ihrer Produkte in Ihre Firma zu investieren. Sobald
Ihr Produkt eine gute Marktleistung erzielt, können Sie
dieses Geld in Forschung, Marketing und Optimierung
stecken.

Der Markt schläft nicht und das sollten Sie auch
nicht, geben Sie wichtige Aufgaben, die Sie Zeit kosten,
in der Sie nicht an Ihrem Spezialgebiet arbeiten

können, ab. Suchen Sie sich Spezialisten auf dem Gebiet, nicht jeder kann alles machen, und es ist sehr nützlich, Mitarbeiter zu haben, die einen bestimmten Bereich besser kennen. Es kann sein, dass sich Ihr neuer Mitarbeiter gut mit dem Thema Marketing auskennt und weiß, unter welchem Namen oder unter welcher Bildüberschrift etwas gepostet werden kann. Ein anderer Mitarbeiter kann sich mit Optimierungen auskennen, dieser weiß, wann welches Update gemacht wird und wie dieses durchgeführt werden kann. Ein wieder anderer kennt sich mit der Forschung aus, dieser weiß, wie bestimmte Materialien und Stoffe miteinander harmonieren. Er kann Ihnen genau sagen, welches Bauteil wo angebracht werden kann.

Es gibt vieles, was Sie lange probieren und recherchieren müssten, auf das andere schon eine Antwort haben, ohne die gleiche Kraft und Energie aufzuwenden. Lernen Sie, Aufgaben abzugeben und dafür mehr in Ihrem Bereich zu glänzen. Seien Sie nicht zu stolz und geben Sie Tätigkeiten ab, die Ihnen nicht liegen. Es ist wesentlich effizienter, im Team zu arbeiten, da keiner in allem der Beste sein kann. Des Weiteren werden durch das Einstellen von Mitarbeitern Unmengen an Zeit, Ressourcen und Kräften gespart.

Kreativer Prozess

Jeder kennt es, an manchen Tagen fehlt es uns einfach an Kreativität. Selbst die besten Designer sind dagegen nicht immun. Es kann jedem passieren. Gründe dafür sind vielleicht ein Streit mit einer wichtigen Person oder Alltagsprobleme. Keine Angst, auch in solch einer Situation können sie wieder zu Kreativität kommen. Es gibt Techniken, die es Ihnen schnell wieder ermöglichen, auf die Beine zu kommen.

Eine Möglichkeit ist es, Abstand von seinem Projekt zu nehmen und zu versuchen, es mit anderen Augen zu sehen. Manchmal fällt es uns schwer, Dinge aus der Ferne zu betrachten, da wir viel Energie und Ehrgeiz in unsere Arbeit gesteckt haben. Unsere Gefühle überfallen uns und es ist alles andere als leicht, eine sachlich korrekte Meinung zu behalten. Hier hilft es, andere Personen in unser Projekt einzuweihen. Diese sind meist nicht so involviert wie wir und können die Dinge klarer sehen. Befragen Sie diese Personen nach einer ehrlichen Meinung, die Ihnen weiterhilft.

Ein weiterer Weg ist es, sein Projekt nach einer Pause wieder zu bearbeiten. Es für einen oder zwei Tage liegen zu lassen und sich in der Zwischenzeit mit etwas anderem zu beschäftigen. Nach dieser Pause können Sie es wieder überarbeiten. Wenn wir uns etwas nach längerer Zeit ansehen, fallen uns Fehler schneller auf und wir können sie korrigieren.

Weitere Möglichkeiten sind:
Sich in den Kunden hineinzuversetzen: Es ist essenziell zu wissen, welche Wirkung mit dem Design und dem Produkt bei dem Kunden hervorgerufen werden soll. Bestimmte Fragen sollten Sie sich im Vorfeld überlegen und zum Beantworten dieser in die Rolle des Kunden schlüpfen. Solche Fragen sind bspw.: Welches Produkt würde ich als Kunde kaufen wollen? Wie sollte das Produkt aussehen, das ich mir wünschen würde? Wie sollte das Produkt wirken, wenn der Kunde es seinen Freunden zeigt? Was kann ich ändern, damit auch Freunde und Familie des Kunden das Produkt gut

finden? Sinnvoll wäre es auch, Meinungen von Fremden zu holen, die einen objektiven Standpunkt vertreten. Anschließend können Sie die Meinungen zusammenfassen und die beste Variante wählen.

Fortschritt durch Ausprobieren: Bieten Sie Ihrem Kundenkreis mit der Bedingung, einen Fragebogen auszufüllen, verschiedene kostenfreie Testversionen an. Die Kunden werden individuell auf Ihr Produkt reagieren und anonym ihre eigene Meinung vertreten. Wenn Sie die Fragebögen wieder einsammeln, können Sie die verschiedenen Meinungen analysieren und sich für die Variante mit der positivsten Rückmeldung entscheiden.

KREATIVTECHNIKEN ZUR AUSWAHL DES RICHTIGEN DESIGNS

Eine beliebte Möglichkeit, sich die Auswahl des richtigen Designs zu erleichtern, entsteht durch die Benutzung von Kreativtechniken. Kreativtechniken gibt es viele. Häufig werden sie in Firmen, die kreative Lösungen für ihre Probleme suchen, verwendet. Einige Kreativtechniken wurden von bekannten Forschern und Entdeckern erfunden. Sie sind deshalb so beliebt, weil sie Probleme oder Lösungsansätze verdeutlichen und sich diese dadurch schneller bemerkbar machen. Sie können in einer Gruppe von Personen oder allein durchgeführt werden. Es empfiehlt sich aber meistens, mehrere Leute daran teilhaben zu lassen, da dadurch viele Blickwinkel entstehen, an die man selbst nicht gedacht hätte. Die beliebtesten Kreativtechniken werden unten veranschaulicht dargestellt und genauer erklärt.

Kopfstand-Methode

Mit dem Gegenteil zur erfolgreichen Idee: Die Methode funktioniert, indem die Lösungsvorschläge in das Gegenteil umgewandelt werden. Hierbei wählen wir das schlimmste Szenario und sehen uns an, was passiert, falls dieses eintreten sollte. Anschließend vergleichen wir es mit dem besten Szenario. Hierbei sehen wir einen großen Unterschied, der unsere Fantasie anregt und einen Erfolgsdruck aufbaut.

Brainstorming

Diese ist die bekannteste unter den Kreativtechniken und wird in vielen Unternehmen zur Ideenfindung angewendet. Zu Beginn des Brainstormings sollten die Ziele und Erwartungen besprochen werden. Hier bekommen die Teilnehmer 1 bis 2 Tage Vorbereitungszeit, um sich Gedanken zu dem Thema machen zu können. Die Teilnehmer sollten, wenn möglich, vielschichtig sein, sodass möglichst viele unterschiedliche Ideen entstehen können. Bestenfalls besteht das Team aus fünf bis acht Personen. Bei der Durchführung sollte den Leuten ein Stück Papier oder eine Karteikarte gegeben werden, damit sie ihre Einfälle unabhängig voneinander aufschreiben können. Wichtig ist, dass alle Ideen angenommen und akzeptiert werden, ohne dass die Leute, die sie aussprechen, dafür verurteilt werden. Andere Ansichten und Meinungen sind erlaubt. Am Ende dieses Prozesses wird die Erkenntnis tabellarisch nach Anwendung, Maßnahme, Aufgabe, Verantwortlichkeit und Termin ausgewertet und umgesetzt.

Walt-Disney-Methode
Diese Technik ist eine Art Rollenspiel zwischen drei Personen. Jede Person übernimmt eine Rolle, die Rollen teilen sich in Träumer, Realist und Kritiker auf. Um die Walt-Disney-Methode auszuführen, bezieht jeder Stellung zu einer Idee in der für ihn vorgegebenen Rolle. Diese ist für den Träumer, möglichst groß zu denken, für den Kritiker, an allem zu zweifeln, und für den Realisten, positiv und negativ abzuwägen. Diese Methode ist vor allem gut für Teams, die sehr ähnlich denken.

6-3-5-Methode

Die 6-3-5-Methode gehört zu den Brainwriting-Techniken. So werden Techniken genannt, die vorzugsweise in Gruppen angewandt werden und die dem Brainstorming ähnlich sind. Diese Methode wird mit insgesamt 6 Teilnehmern durchgeführt und jeder dieser Teilnehmer kann drei Ideen aufschreiben. Für das Finden und Aufschreiben der Ideen haben die Teilnehmer 5 Minuten Zeit. Das Ganze wird in einer Tabelle aufgeführt. Es gibt 18 Felder, drei (Ideen) x sechs (Personen). Durch diese Methode entstehen sehr viele verschiedene Erkenntnisse und es werden alle Personen in die Lösungssuche involviert.

6-Hüte-Methode nach de Bono

Aufgeteilt wird anhand sechs verschiedener Denk-Hüte. Jeder der Hüte repräsentiert eine andere Art zu denken und ist in einer anderen Farbe vorhanden. Es gibt sie in den Farben Weiß, Rot, Schwarz, Gelb, Grün und Blau. Der weiße Hut steht für Zahlen und Fakten, hier könnte sich die Frage nach den Verkaufszahlen oder Preisen gestellt werden. Der rote Hut steht für die Intuition und das Bauchgefühl. Hier stellt man sich die Frage, wie man selbst oder andere über das Thema denken. Der schwarze Hut steht für kritisches Denken, eine beliebte Frage könnte sein, welche

Vorsichtsmaßnahmen zur Vermeidung potenzieller Fehler gemacht werden können. Der gelbe Hut ist das Gegenteil des schwarzen, hier geht es um positives Denken und wie das beste Szenario aussehen würde. Der grüne Hut steht für Kreativität, hier werden alle Ideen, die der Vorstellungskraft entsprechen, herausgesucht, um zu sehen, welche verschiedenen Lösungen aufkommen. Zu guter Letzt gibt es noch den blauen Hut, dieser dient der Lösungsfindung und der Frage nach einer Einigung.

Bei der Ausführung der Methode ist paralleles Denken gefragt. Jede Person ist einmal gezwungen, sich sinnbildlich den Hut aufzusetzen und auf eine andere Art zu denken. Wenn eine Person in diesen sechs Hüten gedacht hat, öffnet sich ihr Horizont für Problemlösungen, was ihr und dem Team zugutekommt, da sie durch Perspektivwechsel besser mit anderen Parteien, die von Natur aus anders denken, kommunizieren kann.

Morphologischer Kasten

Hier werden aus schon bekannten Ideen durch Zusammensetzungen neue gewonnen. Der morphologische Kasten ist eine Art Tabelle mit bestimmten Parametern, zu denen Ideen gesammelt und aufgeschrieben werden. Es ist möglich, jede beliebige Idee aufzuschreiben. Hierbei kann sie von Problemen, Eigenschaften, Funktionen und Baugruppen handeln. Aufgeschrieben und eingetragen werden sie untereinander. Am Ende wird pro Spalte ein Lösungsansatz gewählt und mit einem der untenstehenden verbunden. Durch die verbundenen Kästen kommt es am Ende zu einer Lösung, die durch Struktur entsteht.

Ishikawa-Diagramm (Ursache-Wirkungsdiagramm)

Das Ishikawa-Diagramm wird wegen seiner Darstellung auch oft das Fischgräten-Diagramm genannt. Es ist in Ursache und Wirkung unterteilt. Insgesamt gibt es sieben Ursachen und eine Wirkung. Die Ursachen werden die sieben Ms genannt. Die sieben Ms werden auf mögliche Probleme untersucht.

Eines ist der **Mensch**, bei ihm kann es zu Fehlern durch Unachtsamkeit oder Krankheit kommen.

Als Nächstes haben wir **Maschine**, sie kann kaputt oder veraltet sein.

Das **Material** – hier kann es vorkommen, dass die Materialien, mit denen gearbeitet wird, nicht miteinander verträglich sind und es somit zu Schäden oder

Ähnlichem kommt.

Die **Methoden** werden falsch gewählt. Bedeutet, dass es einen Fehler in der Planung gibt.

Falsche **Messungen**: Messgerät ist beschädigt oder die Masse wurden falsch eingetragen.

Mitwelt: Bestimmte Verträge kommen wegen Unternehmenssitzen nicht zustande.

Management: Einem Mitarbeiter wurde z. B. die falsche Arbeit zugeteilt oder es wurde nicht genug Zeit einkalkuliert.

Kommt es zu einem dieser Probleme, sollte die Ursache überprüft werden, und falls es in einem der Punkte eine Fehlstellung gibt, muss diese zügig verbessert werden. Es gilt zu überprüfen, welcher Ursachenbereich zu welchem Problem beigetragen hat. Das Überprüfen und Berichtigen der Ursachen geben uns eine faire Chance, die Wirkung zu verbessern.

Mindmap
Bei der Kreativtechnik Mindmap wird ein Thema in

viele kleine unterteilt. Das Hauptthema steht groß beschriftet in der Mitte, von dort aus gibt es verschiedene Verästelungen, die zu den kleinen Themen führen. Durch diese Methode wird genau veranschaulicht, welche Themen mit dem Hauptthema in Verbindung gebracht werden und wie komplex es ist. Dadurch entstehen viele Unterpunkte, mit denen man nicht gerechnet und die man vergessen hätte. Die Zusammenhänge mit dem Überthema können besser aufgezeigt und die Unterpunkte somit verbessert werden.

HERANGEHENSWEISE UND MINDSET

Viele Leute scheitern an ihrem Mindset, sie glauben nicht zu einhundert Prozent an ihr Produkt. Sie sollten hinter Ihrem Produkt stehen und der größte Fan sein. Dafür gibt es viele Gründe.

Wie wollen Sie andere davon überzeugen, wenn Sie selbst nicht wirklich daran glauben? Um andere zu überzeugen, müssen Sie überzeugend wirken. Dies kommt jedoch von allein, wenn Sie an sich und Ihr Produkt glauben. Die Meinung der anderen sollte Ihnen nichts anhaben können, die Hauptsache ist, dass Sie mit sich zufrieden sind. Kennen Sie den Wert Ihres

Produktes, so behalten Sie Ausdauer, denn Sie glauben fest daran, dass es nur eine Frage der Zeit ist, bis Ihr Produkt beliebt und oft gekauft wird.

Lernen Sie, besser mit Niederlagen umzugehen, denn so wissen Sie, welche Verbesserungen notwendig sind. Ohne Niederlagen als solche zu akzeptieren, vermeiden Sie das Wachstum, da Sie ohne Akzeptanz nichts daraus lernen können. Die meisten, die heute als Gewinner bekannt sind, haben es öfter probiert und sind oft gescheitert. Erkennen Sie, dass Sie sich noch auf dem Weg befinden und selbst, wenn Sie mal verlieren, wird es beim nächsten Mal bestimmt besser.

Nehmen Sie sich die Kritik von anderen zu Herzen, aber lassen Sie sie nicht zu nah an sich herankommen. Es ist nur wichtig, was Leute sagen, die sich auch mit der Thematik befasst haben und sich damit auskennen. Es kann für Sie sogar von Vorteil sein, wenn Sie von den Leuten kritisiert werden, so können Sie Ihr Geschäft und Ihr Produkt optimieren. Somit werden Ihnen wichtige Einblicke in Sachen vermittelt, die noch nicht perfekt sind.

Basics des Produktdesigns

Um ein beliebtes Produkt zu erstellen, müssen Sie zwei universelle Regeln befolgen: Das Produkt sollte dem Großteil der Menschen optisch gefallen und je leichter das Produkt zu bedienen ist, desto leichter fällt die Kundengewinnung.

FARBWIRKUNGEN

Wir kennen sie alle, aber wussten Sie, dass die Farbe eines Produktes stark für die Kaufentscheidung des Kunden verantwortlich ist? Als Menschen sehen wir uns oft und gern als eigenständig denkende Individuen. In mancher Hinsicht mag das stimmen, in anderer sind wir uns verblüffend ähnlich. Eine davon ist die Wirkung, die Farben auf uns haben. Am häufigsten werden die Farben Gelb, Grün, Blau, Rot, Grau, Weiß, Schwarz und Gold verwendet. Jede davon erzeugt in uns eine andere Stimmung und hat ihre Stärken und Schwächen. In den nachfolgenden Absätzen werden wir uns diese genauer anschauen und darauf eingehen.

Gelb
Von allen Farben ist Gelb die auffälligste, sie wird von anderen intensiv und fröhlich wahrgenommen, kann aber auch billig und unsicher wirken. Ihre Wahrnehmung ist mit dem Ansehen der Sonne nach einem langen Winterschlaf vergleichbar. Hier gilt: Weniger ist mehr, denn ist diese Farbe zu großflächig auf Ihrem Produkt vorhanden, wirkt sie unangenehm für die Augen. Sie ist auffällig und gut erkennbar, vor allem im Kontrast zu einer dunklen Farbe. Des Weiteren hat sie das Potenzial, die Stimmung der Nutzer zu verbessern.

> **Typisch gelbe Produkte:** Gelbe Seiten (Telefonbuch), Bade-Ente, Gummistiefel
>
> **Gelbe Logos:** Snapchat, McDonalds, Post-it

Grün

Wenn wir in der Natur sind und uns umschauen, fällt auf, dass wir hauptsächlich von der Farbe Grün umgeben sind. Sie ist die Farbe der Erde und wird mit Gesundheit, Wachstum und Glück assoziiert. Ein Produkt, das die Farbe Grün enthält, ist standhaft und nichts kann diesem etwas anhaben. Es ist die perfekte Mischfarbe aus Blau und Gelb, denn es nimmt beide positiven Assoziationen mit. Die positive, ruhige und harmonische Wirkung von Blau sowie die heilende und regenerierende Wirkung von Gelb. Die Kehrseite allerdings ist eine bittere und unerfahrene Wirkung, die sie auf Kunden machen kann. Kunden könnten denken, dass ihnen zu grünen Produkten der Bezug fehlt und sie sich nicht bewusst sind, ob es auch die passende Qualität abliefert, da es den Eindruck machen kann, dass es von wenigen benutzt wird.

> **Typisch grüne Produkte:** Traktor, Glasflaschen, Arbeitshandschuhe
>
> **Grüne Logos:** Starbucks Coffee, Land Rover, Spotify

Blau

Die Lieblingsfarbe der meisten Leute ist Blau. Dies ist vor allem auf ihre vertraute und entspannte Wirkung sowie das von ihr vermittelte Gefühl der Sicherheit zurückzuführen. Wenn Blau auf Ihrem Produkt benutzt wird, gehen die Leute unterbewusst davon aus, dass auf Sie und Ihr Produkt Verlass ist. Mit negativen Überraschungen wird weniger gerechnet. Was jedoch negativ gedeutet werden kann, ist, dass sie von manchen als langweilig und sachlich wahrgenommen wird.

<u>Typisch blaue Produkte:</u> Gebotsschilder, Stifte, Hefte

<u>Blaue Logos:</u> Volkswagen, Walt Disney, Samsung

Rot

Diese Farbe bringt bei den meisten eine besondere Reaktion hervor. Sie ist die Farbe der Lust und Liebe, kann aber auch als Aggressor bei Stierkämpfen benutzt werden. Sie sollte nicht auf großen Flächen benutzt werden oder Ihr Produkt überdecken, da es anstrengend für die Augen ist, für einen längeren Zeitraum darauf zu schauen. Am besten ist es, wenn sie vereinzelt oder auf kleinen Flächen aufgetragen wird. Wie bei der Farbe Gelb gilt auch hier die Devise: Weniger ist mehr.

Typisch rote Produkte: Stoppschild, Taschenmesser, Chinaböller

Rote Logos: Coca-Cola, Netflix, Pinterest

Lila

Die Farbe Lila ist tatsächlich sehr wenig auf Produkten vertreten. Sie gilt als geheimnisvoll, mysteriös und schwer zu deuten. Sie ist eine Mischung aus den Farben rot und blau. Die positiven Eigenschaften der Farbe Lila sind, dass sie die Fantasie der Leute anregt, gut kombiniert werden kann und oft mit der Kunst in Verbindung gebracht wird. Negative Eigenschaften dieser Farbe sind ihre leichte wahrgenommene Eitelkeit und ihre Unausgeglichenheit. Oft wird sie mit spirituellen, magischen und esoterischen Themen in Verbindung gebracht.

Typisch lila Produkte: Fluorid-Steine, Trauben, Aster

Lila Logos: Milka, Taco Bell, Twitch

Grau

Grau ist eine Mischfarbe aus Schwarz und Weiß, sie kombiniert viele Eigenschaften. Sie ist zeitlos, fördert Professionalität und ist stilvoll. Negative Aspekte sind jedoch, dass sie teilweise deprimierend wirkt und oft übersehen werden kann, da sie neben anderen Farben kaum auffällt.

> Typisch graue Produkte: Couch, Besteck, Teekanne
>
> Graue Logos: Wikipedia, WordPress, Apple

Weiß

Weiß ist die neutralste und formellste aller Farben. Ein Sprichwort, das dies verdeutlicht, „die Person trägt eine weiße Weste." Hier ist von einer Person die Rede, die unschuldig ist und sich höchstwahrscheinlich in Zukunft nichts zuschulden kommen lassen wird. Das ist einerseits erstrebenswert, andererseits langweilig. Eine gute Beschreibung der Farbe wäre freundlich, achtsam und bescheiden. Im Kontrast zu anderen Farben gilt sie als unauffällig und bringt andere um sie herum zur Geltung.

> Typisch weiße Produkte: Wände, Spülmaschine, Kühlschrank
>
> Weiße Logos: Swarovski, Roman Films, Coco Chanel

Schwarz

Schwarz ist die völlige Dunkelheit. Viele nehmen dieses nicht als Farbe wahr, was sehr aussagekräftig sein kann. Wenn es mit anderen Farben verwendet wird, entsteht ein starker Kontrast zwischen ihnen. Ein schwarzes Produkt kann drumherum stehende Gegenstände verschlingen. Positive Eigenschaften der Farbe sind Seriosität, Kraft und Schlichtheit. Negative Eigenschaften wären, dass sie eine Distanz auslöst und deprimierend wirken kann.

Typisch schwarze Produkte: Mode, Autos, Smartphones

Schwarze Logos: Adidas, Louis Vuitton, WWF

Gold

Gold ist prunk- und prachtvoll, es wurde im Mittelalter häufig von Kaisern und Königen getragen, um ihren Status zur Schau zu stellen, um anderen zu zeigen, dass sie sich etwas leisten können, das andere nicht können. Die Farbe ist nach einem bekannten Rohstoff benannt, der aufgrund seiner Seltenheit einer der teuersten ist. Gold signalisiert Reichtum, Luxus und Adel. Positive Eigenschaften sind Erfolg und Reichtum. Negative Eigenschaften sind Eigennutz und Vertrauensmangel.

Typisch goldene Produkte: Uhren, Ketten, Statuen

Goldene Logos: Lindt Chocolat Shop, Chevrolet, Warner Brothers

BEDIENBARKEIT OPTISCH

Die Funktion steht immer im Vordergrund, denn ist diese nicht gegeben, kann das Produkt nicht für die gewollte Tätigkeit benutzt werden, was der Hauptgrund für die Erstellung ist. Im Optimalfall sollten Bedienbarkeit und das Design Hand in Hand gehen. Das bedeutet, dass die Funktion, die beispielsweise durch Knöpfe ausgelöst wird, zu dem Design gehört. Dennoch gilt an diesen und anderen Beispielen, dass die Knöpfe nicht klumpig ausfallen dürfen. Ein besser gewähltes Design wäre in jedem Fall schlicht, sodass die Knöpfe kaum auffallend sind, sondern automatisch mit dem Design wahrgenommen werden.

BEDIENBARKEIT PRAKTISCH

Es ist wichtig, die Bedienung für den Kunden möglichst leicht zu gestalten. Die Tasten und Funktionsanordnungen sollten sehr einfach angeordnet sein, damit es leicht bedient werden kann. Dieser Punkt ist wichtig, da der Kunde es mit steigendem Fortschritt immer mehr gewohnt sein wird, seinen Eigenaufwand zu reduzieren. Senken Sie deshalb den Bedienungsaufwand des Kunden und steigern Sie die Bequemlichkeit, die er durch Ihr Produkt erworben hat.

Auf dieses Beispiel würde ich gern anhand eines Smartphones eingehen. Das Smartphone hat eine bestimmte Form, es ist beispielsweise nicht rund oder oval, sondern rechteckig. Diese Form hat es dem Grund bekommen, die Bequemlichkeit zu steigern, denn runde oder ovale Formen liegen nicht gut in der Hand.

Des Weiteren befinden sich die Knöpfe, um es hoch- und herunterzufahren, sowie um es lauter und leiser zu schalten, auf der Seite. Es bedarf eines einfachen Knopfdrucks und weniger Sekunden Wartezeit. Apps und sonstige Applikationen können durch ihre auffälligen Farbkombinationen und Logos oder durch die Eingabe in die schnell gewählte Suchleiste gefunden werden. Einstellungen, die häufig benutzt werden, wie Bildschirm-Helligkeit oder die mobilen Daten, stehen im Vordergrund. Sie können leicht gefunden werden und ermöglichen dem Kunden, seine Helligkeit an die aktuellen Gegebenheiten und seine Internetnutzung an den Datenverbrauch anzupassen. Selbst wenig benutze Apps können in den Einstellungen unter den richtigen Kategorien gefunden werden.

Das Smartphone besitzt eine der rasantesten Wachstumsraten der Geschichte, zahlreiche Menschen können sich nicht mehr vorstellen, wie es wäre, keines mehr zu besitzen.

Doch wie können Sie dieses Beispiel auf Ihr eigenes Produkt übertragen?

Anhand der oben genannten Beispiele können wir gut erkennen, wie wichtig es ist, sein Produkt benutzerfreundlich und komfortabel zu gestalten. Es ist sehr bedeutend zu verstehen, dass die Kundennutzung so leicht wie möglich gestaltet werden sollte, damit die Kunden sich durch die Nutzung Zeit sparen. Umständlichkeit ist wie Kryptonit für Ihren Umsatz und Ihre Kundengewinnung, denn es ist tief in den Menschen verankert, immer den Weg des geringsten Widerstandes zu gehen und zu bevorzugen. Stelle, Sie sich darum immer die Frage, wie Sie Ihr Produkt so simpel wie möglich gestalten können.

MARKETING

Das Marketing entscheidet darüber, ob Kunden gewonnen oder verloren werden. Das falsche Marketing führt zu einem Verlust der Kunden, das richtige führt zu einer Kundengewinnung. Es kann mehrere Gründe geben, warum Ihr Marketing unter den Kunden als gut oder schlecht empfunden wird. Das Marketing stellt sich aus den Punkten Vertrauen, Logo, Identität und

Werbung zusammen. Wenn Sie ein erfolgreiches Marketing haben wollen, sind diese vier Punkte essenziell und Sie sollten gut auf diese eingehen. Es muss eine Menge beachtet werden. Im Folgenden werden wir diese vier Punkte und den Zusammenhang mit dem Marketing klären.

Der erste Punkt ist das Vertrauen; das Vertrauen des Kunden wird einem nicht geschenkt, es muss hart erarbeitet werden. Sie können es durch genaues Arbeiten, Zuverlässigkeit und gute Qualität gewinnen. Stellen Sie sicher, dass sich die Kunden auf Ihr Produkt verlassen können. Halten Sie Versprechen, die Sie den Kunden geben: Wenn in Ihrer Beschreibung eine bestimmte Akkulaufzeit versprochen wird, sollte diese eingehalten werden. Durch das Vertrauen kommt es zu Mund-zu-Mund-Marketing, was bedeutet, dass die Kunden das Produkt ihrer Familie und ihren Freunden empfehlen.

Punkt drei ist das Logo. Ja, auch das Logo spielt eine entscheidende Rolle im Marketing. Kennt Ihre Zielgruppe noch kein Produkt, ist das Logo der erste Eindruck. Oft entscheidet der erste Eindruck, ob wir uns etwas ansehen wollen oder nicht. Viele Leute werden neugierig und schauen sich Ihre Homepage und die Produkte an, wenn ihnen das Logo gefällt.

Das Nächste, worauf Sie achten müssen, ist die Identität. Hierbei geht es weniger um Ihre, sondern um die Ihres Unternehmens. Doch können Sie Ihre eigene Persönlichkeit auch in Ihr Unternehmen einbringen. Die Identität Ihres Unternehmens wird durch viele Punkte beeinflusst. Hauptsächlich durch die Produkte, die Sie verkaufen, Ihre Unternehmensphilosophie und die damit verbundenen Ziele. Es sollten sich möglichst viele Kunden damit identifizieren können.

Zu guter Letzt kommen wir zu der Werbung. Dafür ist es notwendig zu wissen, wo Sie Ihre Werbung platzieren sollten. Das kommt ganz auf die Kunden und ihre Vorlieben an. Ist Ihre Zielgruppe oft vor dem TV, ist es ratsam, einen Fernseh-Werbespot zu platzieren. Wenn Ihre Kunden in Städten unterwegs sind, können Sie ein Werbebanner mieten und so neue Leute generieren.

Wie wichtig das richtige Marketing ist

Damit Ihr Produkt gekauft wird, ist es auf das richtige Marketing angewiesen. Ihr Marketing kann durch viele Quellen erfolgen, etwa durch Instagram-Influencer, TV-Werbungen oder Sponsorenverträge. Wichtig ist nur, dass Sie es Ihrer Zielgruppe schmackhaft machen können.

Jede Firma baut sich ein Image auf, das der Welt ihr Unternehmen und ihre Produkte präsentiert. Achten Sie darauf, wie die äußere Erscheinung Ihres Produktes ist; das Visuelle ist beim Kauf sehr wichtig. Auch sollten Sie Kompetenzen entwickeln und bei aufkommenden Fragen wissen, worüber Sie sprechen.

Fragen Sie sich beim richtigen Marketing unbedingt Folgendes: Wie sieht Ihr Image aus? Wofür wollen Sie oder Ihr Produkt bekannt sein? Welchen Vorteil sollen die Leute aus Ihrem Produkt ziehen? Was soll Ihr Produkt können und wem soll es helfen? Wie soll Ihr Produkt gesehen werden? Steuern Sie Ihr Image bewusst und befassen Sie sich damit, bevor Ihr Produkt auf den Markt kommt. Stellen Sie sich bewusst das Image vor, in dem Sie und Ihr Produkt von anderen gesehen werden wollen. Halten Sie sich dies immer vor Augen, denn es wird Ihnen dabei helfen, wichtige Entscheidungen zu treffen. Das richtige Image baut sich nicht von allein, es sollte zu Ihnen passen und immer in den Punkten Meinungen, Erfahrungen und Einstellungen optimiert werden.

WELCHE PROBLEME TRETEN AUF, DIE EIN PRODUKT LÖSEN KANN?

Ein Gegenstand, der neu auf den Markt kommt, sollte vor allem eines können: Er sollte in der Lage sein, ein Problem zu lösen. Hierbei gibt es viele verschiedene Probleme, die gelöst werden können. Diese können logistischer, psychologischer, soziologischer oder ökologischer Natur sein.

Ein Beispiel eines logistischen Problems wäre der Stauraum in einem Schrank. Dieser befindet sich momentan in Ihrem Schlafzimmer, sollte aber aus Platzgründen durch ein Gerät oder Möbelstück ersetzt werden, das nicht so viel Stauraum verbraucht, damit Sie sich mehr bewegen können. So wären Sie auf der Suche nach einem Produkt, das einen effektiven Stauraum gewährleistet, aber weniger Platz für sich beansprucht. In diesem Fall müssen Sie kreativ sein. Ein Lösungsvorschlag wäre es, den Schrank durch einen Kleiderständer zu ersetzen.

Das Beispiel eines psychologischen Bedürfnisses wäre das sehr wichtige Bedürfnis der Menschen, sozial zu sein, sich mit anderen Menschen zu unterhalten und auszutauschen. Dieses Problem könnte in Zukunft von künstlichen Intelligenzen, die ihren zugeteilten Menschen kennen wie kein anderer, übernommen werden.

Tatsächlich wird in diesem Bereich schon geforscht und es könnte einem großen Personenkreis damit geholfen werden. Vor allem für ältere Menschen wäre dies ein Vorteil und ihnen würde damit eine Freude in Zeiten, in denen Freunde und Familie nicht anwesend sind, bereitet werden. Somit hätten ältere oder einsame Personen zu jeder Tageszeit jemanden zum Reden.

Ein anderes ist das Treibstoffproblem der Automotoren. Momentan wird hauptsächlich flüssiger Treibstoff in Form von Benzin verwendet, jedoch handelt es sich hier um einen begrenzten Treibstoff, der immer teurer wird und die Umwelt beschädigt. Benzin, das aus Erdöl hergestellt wird, erzeugt beim Verbrennen über Automotoren Schadstoffe, die die Ozonschicht beschädigen. Dadurch wird die Luft für die Menschen immer schädlicher, der Benzinpreis steigt ins Unermessliche und die Erderwärmung steigt. Durch die Erderwärmung schmelzen die Polkappen, wodurch der natürliche Lebensraum vieler Tiere wegfällt. Die Lösung dieses Problems ist der Elektromotor, durch diesen machen wir uns nicht mehr von Benzin abhängig. Dieser Treibstoff kann beispielsweise aus

Sonnenenergie gewonnen werden. Die Abgase werden dadurch weniger und wir können saubere Luft einatmen. Diese Lösung gibt es bereits und sie wird effektiv ausgearbeitet; viele Unternehmen wollen ausschließlich auf Autos mit Elektromotoren umstellen.

PRODUKTDESIGN

Ein Design kann und wird von verschiedenen Leuten unterschiedlich bewertet werden, aus diesem Grund ist es wichtig, von mehreren Perspektiven auszugehen. Designer betrachten Designs anders als Konsumenten, da sie sich mit der Materie auskennen. Vor allem das eigene Design sehen die meisten Designer kritisch und oftmals schlechter, als es im Endeffekt ist. Kunden sehen die Designs meist positiver, da sie sich nicht so sehr mit den unterschiedlichen Designtechniken befasst haben.

Im Produktdesign kann vieles falsch gemacht werden. Durch die falsche Farbkombination kann die falsche Wirkung beim Kunden erzeugt werden. Wenn ein Produkt beispielsweise gemacht wurde, um Leute aufzuheitern oder zum Lachen zu bringen, sollte eine helle Farbe benutzt werden. Eine dunkle Farbe könnte den Kunden irritieren und das falsche Gefühl erzeugen. Es könnte beispielsweise eine traurige Stimmung statt einer guten wecken.

Ein Produkt ist ausschließlich dazu da, um Leuten einen Mehrwert zu bieten. Mit der Farbauswahl und dem Design wird das Ganze noch einmal unterstrichen und gibt ihm den richtigen Feinschliff. Sollten Sie Zweifel haben, können Sie sich immer noch an diesem Buch orientieren oder Freunde fragen, wie das Produkt auf sie wirkt.

Das Design sollte auf keinen Fall die Funktionalität des Produktes beschränken. Auch, wenn Sie damit etwas Außergewöhnliches darstellen wollen, das den Kunden sofort auffällt und gefällt. Merken Sie sich: An erster Stelle steht die Funktion des Produktes. Wenn Sie nach dem Kauf feststellen würden, dass die Funktion wegen des Designs nicht gegeben ist, wäre das ein grobes Eigentor. In diesem Fall sollten Sie es noch einmal überdenken und überarbeiten, bis die gewünschte Funktion ohne Einschränkungen gegeben ist.

Ein Design entsteht selten allein, meist arbeitet ein Team daran. Mehrere Varianten eines Designs werden ausgearbeitet und dem Kunden vorgeschlagen. Anhand von Funktion oder Volumenmodellen kann dies veranschaulicht werden. Der Prototyp, der dem Kunden am besten gefällt, wird am Ende genommen.

Es ist eine große Herausforderung, den technischen Aspekt mit dem Design hinzubekommen. Die Funktion muss immer gegeben sein. Manche Produkte haben ein kompliziertes Innenleben, auf das geachtet werden muss. Dieses Innenleben muss so bleiben, wie es ist, und es wird drumherum gearbeitet. Der Designer kennt das Innenleben, er weiß, wie es innen aussieht, und baut das Produkt entsprechend, sodass alle nötigen Funktionen gegeben sind.

UNTERNEHMERISCH

Wenn es um die Gestaltung und Führung des eignen Unternehmens geht, gibt es viel zu beachten.: die Angestellten, die beschäftigt werden, die Nutzung des Kapitals und der Unternehmensstandort. Viele Punkte fließen hier mit ein und alles muss gemanagt werden. Sie sollten wichtige Aufgaben anderen überlassen können, im Gegenzug dafür sollten Sie von Ihren Angestellten Pünktlichkeit und Verlass fordern, denn die Beziehung zwischen Unternehmen und Angestellten ist ein Geben und ein Nehmen. Durch das Übertragen wichtiger Aufgaben bleibt Ihnen Zeit, andere Aufgaben zu übernehmen. Angestellte können in diesem Bereich spezialisierter sein als Sie. Vor allem in diesem

Fall lohnt es sich für Sie, andere zu beschäftigen und Sie werden davon profitieren.

Wenn es darum geht, sein Kapital als Unternehmen zu nutzen, sollte das Beste aus seinen vergangenen Gewinnen gemacht werden. Gut ist es, die Gewinne zu behalten und sie sich für Investitionen und Verbesserungen bereitzuhalten. Mit den Investments können Sie das Wachstum Ihres Unternehmens ankurbeln, etwa durch die Beschäftigung neuer Mitarbeiter, die Anschaffung neuerer Geräte, die schneller funktionieren, Gebäude-Verbesserungen, die Anschaffung neuer Maschinen, Firmenwagen oder gute Werbung. Die ständige Verbesserung und Optimierung Ihres Unternehmens führen zu einer schnellen Gewinn-Steigerung und einer stetigen Verbesserung Ihres Unternehmens.

Ihr Unternehmensstandort ist ein wichtiger Faktor. Wenn sich Ihr Unternehmen in einer Zentrale befindet, können Sie wichtige Kunden und Geschäftspartner gewinnen. Für die Gewinnung von Kunden ist es wichtig, ein Netzwerk zu haben. Eine gute Verkehrsanbindung kann darüber entscheiden, ob Sie neue Partnerschaften schließen oder nicht. Je nach Firmensitz sind Arbeitskräfte verfügbar oder nicht. Wichtig ist es, bei der Entscheidung nach dem richtigen

Standort zu beachten, in welcher Region es gut ausgebildete Fachkräfte gibt. Wenn Ihr Unternehmen oft Pakete verschicken und annehmen muss, wäre es wichtig, in der Nähe von Postzulieferern zu sein, denn je nach Standort variieren hier die Lieferpreise. Auch auf die Mietpreise kommt es an, da dieser viel Geld kosten, aber auch einsparen kann. Die Mietpreise sind je nach Stadt und Fläche unterschiedlich und sind meist Quadratmeter-abhängig.

Fragen, die Sie sich bei der Gründung eines erfolgreichen Unternehmens stellen könnten, wären: Wie will ich als Geschäftsführer gesehen werden? Wie soll mein Geschäft gesehen werden? Wen beschäftige ich? Wie geht mein Unternehmen mit Partnern und Kunden um? Achten wir auf die Umwelt? Unterstütze ich den Kunden mit meinem Produkt?

Machen Sie Ihre Entscheidungsfindung nicht von sozialem Druck und den Erwartungen anderer abhängig. Wichtige Punkte sind hierbei Kosten, Arbeitsintensität, Gesundheit, Zeitpunkt, Kundenzufriedenheit und die aktuelle Marktsituation.

Empfehlungen von Freunden und Familie
Am meisten Vertrauen wird Freunden und Familie entgegengebracht, aus diesem Grund kommt es hierdurch sehr häufig zu Kaufentscheidungen oder

Vertragsabschlüssen. Ohne das richtige Vertrauen wäre der Kontakt auch nicht bestehend. Wenn Sie ihnen, abgesehen davon, nicht vertrauen könnten, wem denn sonst.

Die Leute vergleichen sich oft und vor allem mit dem Kreis an Personen, mit denen sie die meiste Zeit verbringen. So gibt es oft die Einstellung, dass die Leute das haben wollen, was ihr Nachbar hat, nach dem Motto „Was der hat, muss ich auch haben". Wenn das Produkt in den Augen vertrauter Personen angesehen wird, steigt dessen Wert automatisch.

Benutzung von Stars

Bekannte Personen und Stars genießen in unserer Gesellschaft einen besonderen Rang. Es können Filmstars, Streamer, Influencer oder Sportler sein, wichtig ist jedoch, dass sie Fans haben, die sie als Vorbild sehen, und dass sie sich mit dem Produkt identifizieren oder die gleichen Werte teilen. Stars und solche, die als diese gewertet werden, sind echte Trendsetter, oft sehen wir das in der Mode, wenn sie anfangen, etwas Neues zu tragen, das wenige Zeit später von den meisten Leuten übernommen wird. Viele Leute vertreten die gleichen Standpunkte und Ideen und wollen ihren Idolen etwas näher sein. Das kann unter anderem dadurch geschehen, wenn beide das gleiche Produkt benutzen. Die

Möglichkeit, dass Ihr Produkt durch Filmstars, Streamer, Influencer oder Sportler mehr Reichweite und Verkäufe bekommt, ist sehr effektiv. Dadurch, dass es erwähnt wird, sehen es wesentlich mehr Leute, das wird Ihren Käuferkreis deutlich erhöhen. In so einem Fall bietet es sich auch an, mit einer bekannten Person eine Partnerschaft oder ein Sponsoring einzugehen. Sie können diese anlocken, indem Sie ihnen einen Festbetrag oder eine Provision für jeden Verkaufsabschluss über eine Verlinkung (Affiliate-Link) anbieten.

FOMO und wie sie wirkt

FOMO ist eine Abkürzung und bedeutet ausgeschrieben Fear of Missing Out. Die FOMO ist eine beliebte Taktik bei der Kundengewinnung. Hier zielt das Marketing darauf ab, dem Kunden zu zeigen, dass es für ihn ein Verlust ist, das Produkt nicht zu besitzen. Das wird vor allem dadurch erreicht, wenn viele Leute aus dem Bekannten- oder Freundeskreis das Produkt besitzen, regelmäßig benutzen und es ihnen einen großen Vorteil verschafft. Der Kunde denkt sich dadurch, wenn das Produkt anderen weiterhilft und sie Spaß damit haben, wird es bei mir den gleichen Effekt auslösen. So ist er mehr gewillt, sich den gewünschten Gegenstand selbst anzuschaffen.

Eine weitere Möglichkeit, seinen Kunden FOMO zu suggerieren, ist die Werbung. Wichtig dabei ist jedoch, dass der Kunde, während er die Werbung ansieht, schon den genauen Vorteil und wie es ihm im Leben weiterhelfen wird, erkennen kann.

Positive und negative Werbung, beides zählt
Obwohl wir mehr positive Publicity wollen, nehmen wir auch gern die negative Werbung, denn negative Werbung ist besser als keine Werbung. Um ein Produkt zu vermarkten, gilt es, um jeden Preis aufzufallen und für sich zu werben. Nur unter der Voraussetzung, dass Ihr Produkt anderen auffällt, werden Leute es sich merken können und es auch kaufen. Achten Sie darauf, dass sich Kunden an Ihr Produkt oder Unternehmen erinnern können. Das können Sie über mehrere Wege bewerkstelligen.

Nutzen Sie dabei die Sinne. Unsere menschlichen Sinne sind Hören, Sehen, Riechen, Schmecken und Tasten. Das Produkt sollte vielen Leuten visuell zusprechen. Wenn das Produkt ein Geräusch oder einen Sound abgibt, sollte der Sound qualitativ hochwertig sein. Der Geruch muss angenehm sein und gegebenenfalls mit Ihrem Produkt in Verbindung gebracht werden. Wie ein gutes Parfüm kann auch Ihr Produkt einen Duft abgeben, der die Leute verzaubert. Auf den

Punkt des Schmeckens kann anhand eines Produktes nicht eingegangen werden, aber falls Sie ein Gericht oder Lebensmittel verkaufen, stellen Sie sicher, dass es hervorragend schmeckt. Gefühlt und ertastet kann Ihr Produkt werden, hier schaffen Sie ein positives Erlebnis, wenn Sie Materialien verwenden, die hautverträglich sind und sich gut anfühlen.

DAS GEHEIMNIS EINES GROSSARTIGEN PRODUKTDESIGNS

Oft gewöhnen wir uns schnell an neue Dinge. Sachen, die uns beim ersten Mal nerven, sind beim zehnten Mal nichts Außergewöhnliches mehr. Das passiert, da unser Gehirn schnell Gewohnheiten formt. Dinge, die wir mehrmals tun, werden mit der Zeit automatisiert erledigt, ohne darüber nachzudenken. Das kommt dem Gehirn zugute, denn dadurch werden Tätigkeiten im Unterbewusstsein abgespeichert, damit dieses Platz für das Lernen von Neuem schafft. Durch das ständige Wiederholen lernen wir als Menschen das meiste, bis sich die wiederholten Tätigkeiten durch das Unterbewusstsein automatisiert haben.

Wenn wir anfangen, Auto zu fahren, nehmen wir

zuerst alle Eindrücke wahr. Jedoch wird es mit etwas Übung immer leichter. Es würde uns andernfalls erschöpfen, allen noch so kleinen Eindrücken und Details ausgesetzt zu sein. Somit ist das Unterbewusstsein eine Art Schutzmechanismus.

Doch was hat Design damit zu tun?

Die Aufgabe eines Designers ist es, sich Details zu merken und darauf zu achten. Details sollten repariert werden und eine gute Qualität besitzen, denn auch, wenn sie nicht sofort wahrgenommen werden, kommen sie dennoch irgendwann ans Tageslicht und der äußere Eindruck leidet darunter. Lernen Sie, einen Schritt zurückzugehen und das Problem näher zu betrachten, oft kann allein durch das Austauschen von Schrauben und Muttern eine bessere Wirkung erzielt werden.

Sehen Sie Ihr Produkt durch die Augen des Käufers: Was könnte der Käufer für Ängste und Bedenken haben, wenn er Ihr Produkt zum ersten Mal kauft? Wenn wir an den Käufer denken, können wir davon ausgehen, dass er nicht viel Erfahrung mit unserem Produkt oder unserer Dienstleistung hat. Deswegen bietet sich hier der Vergleich mit dem jüngeren Selbst an. Eine Person, die gerade dabei ist, in eine neue Welt einzutauchen.

Denken Sie wie das jüngere Selbst, lernen Sie wieder, die Dinge zu hinterfragen. Da alles neu war, haben wir als Kinder öfter Dinge hinterfragt. Wenn wir etwas zum ersten Mal gesehen haben oder auf etwas Neues gestoßen sind, haben wir unsere Eltern gefragt, was es sein könnte. In der Erwachsenenwelt sind wir oft in unseren alten Mustern festgefahren, wir wählen den einfachsten Weg mit dem wenigsten Widerstand und den wir am besten kennen. Doch dieser ist nicht immer der erfolgreichste. Um manche Probleme anzugehen, ist es besser, umzudenken und das Projekt mit neuen Augen zu sehen, dadurch werden Ihnen mehr Zusammenhänge auffallen, die Ihnen andernfalls verborgen geblieben wären. Die Produkte werden von anderen mit bestimmten Emotionen wie Niedlichkeit, Aggressivität, Arroganz oder Freundlichkeit wahrgenommen. Doch für jemanden, der sich tagtäglich mit der Erstellung des gleichen Produktes auseinandersetzt, könnte diese Emotion verborgen sein.

Um den Käufer von Ihrem Produkt zu überzeugen, sollte es zu ihm auf zwei Leveln sprechen. Zum Großteil kommt es darauf an, wie er sich selbst sieht und was er mit dem Produkt aussagen will. Es sollte ein Sinn dahinterstecken und es sollte gemacht werden, um ein bestimmtes Ziel zu erreichen. Sieht der Kunde das Leben als hart und unfair oder als bequem und fair? Glaubenssätze sind die Basis für die Produkte, die gekauft werden. Wenn ein Kunde einen bestimmten Glaubenssatz hegt, wird er sich diesen in jedem Fall selbst bestätigen wollen.

KUNST VS. DESIGN

Heutzutage sind Kunst und Design überall, jedoch haben sie im Lauf der Zeit an Qualität verloren. Denn was früher lange durchdacht und bearbeitet wurde, kommt heute schnell auf den Markt. Die Produktion dauert nicht lange und oft wird Quantität vor Qualität gestellt. Wichtig ist nur die Anzahl an Produkten, die im Jahr herauskommen kann, damit möglichst viel produziert und gekauft wird, um den Umsatz zu steigern. Das kann aber auch eine positive Seite haben, denn durch umliegende Quantität fällt ein großartiges Design oder Kunstwerk schnell auf. Kunst und Design haben viele Gemeinsamkeiten. Beides entsteht durch Kreativität für die Menschen, es kann andere motivieren und inspirieren. Es ist eine Art Freiheit, das zu tun, was Leute berührt und verbindet. Doch diese werden meist anders erreicht oder durch andere Dinge geschaffen. Der Künstler schafft sein Werk meist, um sich selbst auszudrücken, sie wollen andere an ihrer Gefühlswelt teilhaben lassen. Kunst muss keine Funktion erfüllen, es kann mit unterschiedlichen Materialien gearbeitet werden, beispielsweise mit Holz oder Keramik. Es ist egal, ob diese gut zusammenpassen, solange es ästhetisch ist. Bei dem Design ist es anders. Ein Designer bekommt einen Auftrag, er macht seine Arbeit nicht für sich, sondern für andere und löst damit ein Problem. Kunst hat oft den gegenteiligen Effekt und öffnet die Tür für Fragen.

Auch der Betrachter spielt eine wichtige Rolle. Manchmal kann auch ein Kunstwerk als Design betrachtet werden, je nach der dahinterstehenden Intention. Somit ist es auch für Kunden und Nutzer individuell zu betrachten, was für sie Design und Kunst ist.

GROßARTIGE DESIGNER, WIE SIE DENKEN UND WELCHE TECHNIKEN SIE VERWENDEN

Oft sind es bekannte Designer, die einen großen Einfluss auf die Welt haben. Es gibt zahlreiche bekannte Beispiele wie Steve Jobs, Coco Chanel und Da Vinci. Um eine gute Arbeit abzuliefern, müssen wir verstehen, wie sie denken und was uns von ihnen unterscheidet. Es gibt viele Designer auf dem Markt, wenige bleiben für eine lange Zeit in Erinnerung.

Doch welche Gemeinsamkeiten haben die, die in Erinnerung bleiben? Oft sind sie keine Konformisten, was bedeutet, dass sie bestimmte Weltanschauungen und vorhandene Möglichkeiten infrage stellen. Sie streben Kreativität und Änderung in der Welt an und haben keine Angst, ihre Meinung Laut auszusprechen.

Bevor etwas zur Realität werden kann, muss es schon in Gedanken existieren, und wer alles annimmt, ohne etwas zu hinterfragen, wird auf keine neuen Lösungen kommen oder nichts besser machen, denn die Wörter, die wir benutzen, und die Gedanken, die wir denken, bestimmen unsere Realität und sind für unsere Ideen verantwortlich.

Doch wie kommen diese Ideen zustande? Häufig prokrastinieren bekannte Designer sehr viel und machen ihre Projekte nicht schnell fertig. Entgegen der Meinung vieler Leute muss Prokrastination nicht immer etwas Schlechtes sein. Im Gegenteil: Manchmal ist sie sogar etwas Gutes. Es kann positive Effekte haben, denn wenn wir prokrastinieren, statt unser Projekt schon abgeschlossen zu haben, denken wir noch an das Projekt. Das Unterbewusstsein ist immer offen, gerade dann, wenn wir nicht effektiv arbeiten. So sind berühmten Designern oft Lösungen während Spaziergängen oder nach dem Schlafen gekommen. Ein weiterer Vorteil der Prokrastination ist, dass man nicht immer der Erste sein muss, um mit etwas Erfolg zu haben. Beispielsweise gab es Myspace vor Facebook. Facebook hat das Rad aber nicht neu erfinden müssen, es konnte die guten Ideen übernehmen, sie anpassen und optimierter auf den Markt bringen.

Sie vermeiden Ängste und Zweifel durch Produktivität. Am meisten bedauern wir Dinge, die wir nicht getan haben. Es ist immer besser, etwas falsch zu machen als gar nicht. Oft fangen wir bestimmte Sachen nicht an, aus Angst davor, dass andere schlecht über uns denken oder uns ablehnen. Doch dies trifft in den seltensten Fällen zu. Oft kommt es sogar zu Bewunderung, da andere von unserem Mut beeindruckt sind. Abgesehen davon, macht niemand etwas beim ersten Mal perfekt, auch die besten Designer nicht. Viele hatten mehr als hundert Anlaufversuche. Vieles davon hat nicht funktioniert, oft wurde auch ein komplett anderes Produkt erfolgreich als das Projekt, von dem sie ursprünglich dachten, dass es gut wird. Doch eines haben alle gemeinsam: Durch Zeit und Produktivität sind sie immer besser geworden und haben es irgendwann geschafft, ein großartiges Design herzustellen. Es ist wichtig zu wissen und auch Sie sollten sich diesen Satz merken: „Es ist nur möglich, seine Umwelt auf eine positive Weise zu verbessern, wenn man damit anfängt" Eine noch so großartige Idee, die nie realisiert wurde, hilft weder Ihnen noch anderen.

ZEHN PRAKTISCH ANWENDBARE TIPPS, UM DAS BESTE DESIGN FÜR SIE ZU FINDEN:

1. Stellen Sie es einfach dar

Wir wollen, dass unser Produkt wahrgenommen wird. Je einfacher die Darstellung des Produktes ist, desto schöner finden es die meisten Leute. Es gibt ein Sprichwort nach dem MAYA-Prinzip, das dies gut darstellt, dieses lautet „Most Advanced, Yet Acceptable". Übersetzt bedeutet das Sprichwort so viel wie, „finden Sie das fortgeschrittene, aber akzeptable Design zu Ihrer Zeit". Dies stellt den Schlüssel zu einem erfolgreichen Design dar, denn wie wir wissen, entwickeln sich Produkte immer weiter und das, was gestern als fortgeschritten galt, ist heute schon alt. Das Produkt sollte aus diesem Grund immer so einfach gestaltet werden, wie es die Zeit erlaubt. Das Innenleben verbraucht immer weniger Platz und dieser kann außen im Design eingespart werden, weshalb das Produkt dann schlanker und dynamischer wirkt. Dieses Prinzip lässt sich vor allem gut an elektrischen Geräten wie TVs und Handys beobachten. Während es früher nur Röhrenfernseher mit wenigen Programmen gab, gibt es heute Smart-TVs, die wesentlich weniger Material verbrauchen und von denen jegliche Streaming-Anbieter auf Knopfdruck geschaut werden können. Das ist für unsere Zeit die fortgeschrittenste Möglichkeit, das Innenleben des Fernsehers zu gestalten. In den nachfolgenden Generationen wird es somit zu noch einfacheren Darstellungen kommen. Das Prinzip lässt sich auch gut anhand eines iPhones beobachten, denn mit der Zeit wurde dieses immer dünner und es wurde wieder Material genutzt.

2. Achten Sie auf die Details

Achten Sie immer auf alle Details, Ihr Produkt sollte rundum gut aussehen. Kein noch so kleines Detail sollte vernachlässigt werden. Wenn Ihr Haus beispielsweise von vorn sehr schön aussieht, viel Aufmerksamkeit und Ansehen erhält, aber sobald es seitlich betrachtet wird, aussieht, als würde es gleich in sich zusammenbrechen, ist das ein ganz schlechtes Zeichen. Dieses Beispiel können sie sich merken, denn in etwa so fühlt sich der Kunde, wenn ihm auffällt, dass Sie wichtige Details auslassen. Dafür gibt es einen einfachen psychologischen Grund, denn wird ein Mangel festgestellt, geht jemand davon aus, dass er belogen wird und es mehrere Mängel geben könnte, die er noch nicht gesehen hat. Aus diesem Grund sollten Sie sich bei der Erstellung jedes Details Mühe geben und es überdenken, denn andernfalls ist es sehr wahrscheinlich, dass Kunden an der Glaubwürdigkeit Ihres Produktes zweifeln.

3. Verbessern Sie sich durch Niederlagen

Niederlagen sind Teil des ganzen Prozesses, sie gehören einfach dazu. Akzeptieren Sie sie und nehmen Sie sie als solche wahr, es bringt Ihnen nichts, sich auf diese zu versteifen und sich von ihnen fertigmachen zu lassen. Sie müssen diese als Antrieb nehmen und da weitermachen, wo es schiefgegangen ist. Meist kommen wir aus Niederlagen stärker zurück, denn durch diese sind wir gezwungen, unsere Fehler zu reflektieren und genauer unter die Lupe zu nehmen. Dadurch lernen wir zu erkennen, weshalb etwas schiefgegangen ist, und können es beim nächsten Mal besser machen. Wir entwickeln einen Willen, das Produkt beim nächsten Mal zu optimieren und es gestärkt auf den Markt zurückzubringen.

Es gibt eine Technik, die darauf basiert, stärker aus Niederlagen zurückzukommen. Bei der Technik wurde ein Produkt mehrmals verbessert und auf den Markt gebracht, somit hat die Firma bewusst Kunden-Feedback erhalten. Während andere Firmen sich lange auf etwas fokussiert haben, um alles beim ersten Mal perfekt zu machen, konnte die Firma, die ihr Produkt oft auf den Markt gebracht hat, von dem Feedback der Kunden profitieren. Dadurch wussten sie, was sie beim nächsten Mal besser machen konnten, und haben es so in einer wesentlich kürzeren Zeit geschafft, ihren Kunden das optimale Produkt zu verkaufen.

4. Reparieren Sie nicht nur das, was kaputt ist

Die meisten konzentrieren sich eher auf das Korrigieren der Schwächen, doch es bietet sich immer an, die schon vorhandenen Stärken zu verbessern und diese zu optimieren. Stärken zu verbessern, statt nur Fehler auszumerzen, ist oft ein eher unübliches Konzept. Man sollte sich hierbei immer denken, was bereits positiv ist und wie es noch besser gemacht werden kann, damit der Effekt am Ende noch besser ist. Hier ist die ständige Verbesserung angesagt.

5. Gehen Sie dem wirklichen Problem auf den Grund

Oft sehen wir das Problem nur sehr oberflächlich, wichtig ist es aber, dem Kernproblem auf den Grund zu gehen. Bei einer Technik, die dem Kernproblem auf den Grund geht, fragen wir immer wieder nach dem Warum, bis wir es finden. Ein gutes Beispiel, wie das gefunden werden kann, lässt sich anhand eines Werkzeugs, der Säge, darstellen. Der Ablauf der Fragestellungen könnte wie folgt aussehen:

Warum kauft der Kunde eine Säge? Um einen Gegenstand zu teilen.

Was könnte geteilt werden? Z. B. Holz.

Wofür braucht der Kunde Holz? Vielleicht will er einen neuen Boden oder einen Schrank.

Warum verwendet er Holz dafür? Mit dem Material lässt sich einfach arbeiten und das Ergebnis sieht anschließend gut aus.

Was muss erfüllt werden, damit sich das Holz zusammenbauen lässt? Die Maße müssen genau bestimmbar sein.

Durch das ständige Infrage-Stellen der eigentlichen Absicht des Kunden kommen wir dem Zielwunsch immer näher. Bei diesem Beispiel können wir ihm mit einer Säge gewährleisten, dass das Holz auf den Millimeter genau geteilt werden kann.

Um dem Problem auf den Grund zu gehen, können auch Kreativtechniken verwendet werden. Zwei, die sich besonders gut dafür eignen, sind die Mindmap und das Ishikawa-Diagramm. Bei der Mindmap kann das Hauptthema, der Kauf der Säge, in mehrere kleine Unterpunkte unterteilt werden, bis verschiedene Zusammenhänge erkannt werden. Das Ishikawa-Diagramm würde die Wirkung, Kauf der Säge, durch die kleinen Verästelungen, Ursachen, anzeigen.

6. Der Kunde weiß nicht genau, was richtig für ihn ist

Viele Unternehmen nutzen Studien und Befragungen dafür, um die Meinung des Kunden zu einem bestimmten Produkt zu bekommen. Oft weiß dieser aber gar nicht, was ihm gefällt. Manchmal ist es kontraproduktiv, seine Kunden zu befragen. In den wenigsten Fällen kennen sie sich genau mit der Technik, den Möglichkeiten oder der Herstellung aus. Stattdessen sollten Sie bei der Design-Erstellung Designer befragen, die sich aktiv mit dem Erstellen eines Designs auseinandersetzen. So bekommen Sie bessere Lösungsansätze und Sie können sich an diesen orientieren.

7. Analytisches Denken

Viele Designer denken analytisch. Manche haben sich das im Lauf der Zeit angeeignet, andere denken seit ihrer Geburt so. Bei der Erstellung eines Produktdesigns ist das analytische Denken ständig aktiv. Es sucht immer nach neuen Möglichkeiten, um das Beste herauszuholen, und hilft Ihnen, den aufkommenden Problemen auf den Grund zu gehen. Das analytische Denken werden Sie automatisch erlernen, wenn Sie in dem Prozess zur Erstellung eines Designs sind. Jedoch kann diese Fähigkeit auch im Alltag geübt werden, indem Sie sich Produkte genauer ansehen, Ihre Wirkung analysieren und nach Verbesserungsvorschlägen suchen.

8. Benutzen Sie Ihr eigenes Produkt

Es hat zwei große Vorteile, das eigene Produkt zu benutzen: Fehler werden Ihnen schneller auffallen und Sie gewinnen an Authentizität. Fehler werden Ihnen deshalb ersichtlicher, da Sie sich beim Benutzen ständig damit befassen. Dadurch sind sie deutlich bemerkbarer. Lieber fällt Ihnen der Fehler selbst auf, statt dem Kunden, denn so haben Sie noch Zeit zur Korrektur. Wenn Leute hören, dass Sie Ihr Produkt selbst benutzen, gewinnen Sie deren Vertrauen, denn wären Sie nicht davon überzeugt, würden Sie ein anderes Produkt benutzen. Merken Sie sich: Nichts ist unauthentischer als jemand, der etwas verkauft, das er selbst nicht benutzt.

9. Allgemeine Wirkung über Trends

Die Wirkung, die Ihr Produkt auf den Kunden hat, sollte vor jedem Trend stehen. Hier gilt es, universelle Regeln anzuwenden wie Naturgesetze und psychologische Wirkungen, denn diese sind zeitlos und beständig. Ein Trend entsteht oft, wenn eine hohe Anzahl von Menschen etwas gleichzeitig gut findet, dies ist eine Gruppendynamik und endet meist genauso schnell, wie sie angefangen hat. Es wäre schade, das Produkt mit wertvollen Ressourcen herzustellen, nur damit es im nächsten Moment für den Großteil der Menschen unwichtig wird.

10. Überwinden Sie Ihre Ängste

Wer anfängt, etwas Neues zu tun, wird früher oder später mit Ängsten konfrontiert. Meistens sind sie unbegründet und Sie werden merken, dass es hilft, sie anzugehen, sie sinnbildlich bei den Hörnern zu packen und zu konfrontieren. Die Fähigkeit, sich seinen Ängsten zu stellen, ist wie ein Muskel und je öfter dieser trainiert wird, desto mehr werden Sie feststellen, dass die Ängste in den meisten Fällen unbegründet sind. Mit etwas Übung können Sie sogar zu neuen Stärken gemacht werden.

Herstellung und Verlag:

BoD – Books on Demand, Norderstedt

ISBN: 9783755795940

Kontakt: Psiana eCom UG/ Berumer Str. 44/ 26844 Jemgum

Covergestaltung: Fenna Larsson

Coverfoto: depositphotos.com